AF243014

DISCOURS

PRONONCÉ

DEVANT L'AUTEL DE LA RAISON,

DANS LE TEMPLE

DE L'UNITÉ, DE LA LIBERTÉ, DE L'ÉGALITÉ,

DE LA COMMUNE DE BOURGES,

LE JOUR DE L'INAUGURATION DE CE TEMPLE.

PAR HEURTAULT-LAMERVILLE,

Membre de la Société Populaire et Républicaine.

QUEL jour ! quel lieu ! quelle conquête ! Le jour de la vérité, le temple des vertus, la conquête de la raison ! . . . . . Républicains, vous m'avez nommé pour être un des orateurs qui doivent vous en parler le langage. Je ne tromperai point votre attente. Mon cœur sera la source où je puiserai. . . . . .

Éternel ! je te prends à témoin, qu'il y a 25 années je faisais les réflexions suivantes : Chez quel peuple naîtra le vrai

A

législateur ! Quel triomphe, si jamais le génie pouvait fonder la liberté et le bonheur sur une éducation sans préjugés, des lois équitables, une religion qui n'aurait que le cœur pour autel et la pensée pour culte ! Humanité ! espère tout de la phylosophie, de ses progrès lents, mais continuels sur les mœurs, du concours des événemens, des passions des grands hommes, du ridicule aspect de nos vieilles superstitions et du courage révolté des absurdités du dogme et des excès du trône.

Amis, si tels étaient dès long-temps mes principes, vous jugez du transport qui m'anime, lorsque les succès, qui ne se présentaient à mes desirs que dans la perspective des siècles, se réalisent aujourd'hui, et que cette révolution immortelle est l'ouvrage du peuple Français. Enfin, devenus hommes, des frères se trouvent réunis dans le temple de l'unité et devant l'autel de la raison. Ce que tous les siècles accumulés jusqu'à nous n'ont que préparé, ce jour le voit éclore. Tous les peuples du monde ont vécu sous deux chaînes, celle du despotisme royal attachée au centre de la terre, celle du despotisme sacerdotal rivée à la voûte des cieux. Quelques peuples ont eu le bonheur d'en rompre une ; les Français seuls ont eu le courage de les briser toutes les deux. L'instant où la république a été proclamée, nous nous sommes affranchis du sceptre ; l'instant où nous adorons la saine raison, nous détruisons l'encensoir, nous dissipons les préjugés opiniâtres qui couvraient le globe d'épaisses ténèbres, nous lançons réellement, sur l'océan des âges, le vaisseau vainqueur des tempêtes, et porteur de notre constitution.

Hommes libres, je ne viens point vous nourrir d'illusions, et vous reporter au commencement du monde. Un voile impénétrable le dérobe à nos yeux, et il vous importe peu qu'Adam ait été le premier créé, que sa compagne ait eu la

fantaisie d'un fruit défendu , et que le serpent ait été le séduc-
teur. Ces fables et tant d'autres que nous soumettrons à l'exa-
men , sont les jeux de l'imagination et les filets de l'erreur. Les
hommes ont sans doute été placés sur la terre comme tous les
autres êtres qui l'habitent , et dont on ignore l'extraction et
la généalogie inutiles. Je ne vous dirai pas plus comment les
sociétés se sont formées. Aurais-je le droit de vous présenter
mes doutes pour des certitudes ? Il vous suffit de savoir que
l'histoire de l'univers atteste que les plus forts des nations de-
vinrent par-tout leurs chefs et bientôt leurs maîtres , et que les
plus rusés se dédommagèrent et se dirent les interprètes de la
divinité. Quelques-uns ont réuni sur leur tête audacieuse les
deux titres de tyrannie , et tous, unis d'intérêts et d'artifice ,
se sont coalisés pour tromper , dépouiller et asservir la mul-
titude. L'étonnement doit être que la vérité et la force du
peuple ayent pu s'entendre assez pour déjouer de si noirs
complots , et parvenir à dissoudre une trame si finement , si
longuement et si dangereusement ourdie.

Cependant nous avons remporté cette double victoire ;
mais, pour la fixer sans retour , frères et amis, il faut craindre
de nous endormir sur les lauriers , il faut veiller sans cesse
près du flambeau de la raison, penser en sages , agir en héros,
continuer d'être hommes. Deux imperfections (je dois vous
le dire) causèrent les malheurs des peuples. La trop grande
facilité à tout croire durant une longue enfance , remplit
d'abord de faux préjugés l'esprit humain , et la tendance de
l'homme à s'isoler au sein même de la société, à s'occuper
trop de loi , à en être trop facilement content , à se compter
pour trop dans la grande famille , augmenta ensuite son
inexpérience , et le courba pour toute la vie sous la crainte,

l'ignorance et l'erreur. Quand les préjugés et l'orgueil sont en-
racinés chez un peuple , nous savons trop ce qu'il devient.
Républicains, réunissons nos efforts , éclairons-nous , échap-
pons à notre foiblesse. Le seul moyen de conserver à jamais
les deux droits imprescriptibles que nous venons de recouvrer,
la liberté de penser et l'égalité politique ; c'est une union fraternelle , active et constante ; c'est une surveillance sagement
combinée entre tous les amis de la raison contre tous les usur-
pateurs et les vices.

A quel plus digne objet pouvait donc être consacré ce su-
perbe édifice , qu'à devenir le lieu des grandes séances de morale et d'union constitutiónnelles ? Quel nom plus heureux
pouvait-il recevoir que celui du temple de l'unité, inscription
qui constate et transmet aux siècles à venir la haine du département du Cher pour le fédéralisme , et sa résistance au
démembrement de la république? C'est dans cette enceinte vé-
nérable , ainsi que dans les sociétés populaires, que la liberté
d'émettre ses pensées, l'attention de les comparer , la facilité
de les rectifier, perfectionneront bientôt la raison du citoyen ,
et abrégeront son enfance. (Quand je prononce ici le mot d'enfance ; ce n'est pas de celle du corps dont j'ai le projet de parler;
mais de l'enfance de l'esprit. Hélas ! sous ce rapport, les
hommes peuvent être enfans toute leur vie ! Hélas ! nous
l'étions encore hier !) C'est dans ce temple auguste ; c'est
dans les sociétés populaires, que l'habitude de se livrer aux
premiers mouvemens du cœur, communiquera à tout répu-
blicain cette supériorité de courage, qui ne connaît rien
d'impossible pour la patrie. Du rassemblement fraternel des
citoyens, à dessein de s'éclairer, sont nées, dans tous les pays
et dans tous les temps , l'intrépidité de l'ame et la profondeur
des lumières. Voilà pourquoi les despotes défendirent sévère-

ment ces assemblées, et que les prêtres eûrent l'adresse d'en détourner l'objet. Voilà pourquoi on jugera toujours avec certitude de la force réelle et de l'esprit phylosophique de la république par l'union plus ou moins intime des sociétés où les intérêts de la liberté et de l'égalité seront discutés ; par l'assiduité avec laquelle les citoyens fréquenteront tous les lieux qui retentiront des principes de la fraternelle tolérance et de la morale universelle.

De quels plus importans objets, citoyens, vous a-t-on jamais entretenus, que de ceux de l'utilité publique, de vos devoirs envers la patrie, votre famille, les indigens, vousmêmes, et sur-tout envers ces braves défenseurs qui supportent toutes les fatigues, qui bravent tous les climats, qui affrontent tous les dangers, qui meurent pour vous conserver, et dont les dernières paroles sont : *Vive la république* ! La déclaration des droits de l'homme et du citoyen, l'acte constitutionnel, les lois de la république, ces bases majestueuses de la liberté, de l'égalité et de la fraternité ; voilà les textes et les limites de vos orateurs. Vos devoirs envers l'Être Suprême s'y trouvent tacitement compris. L'auteur de la nature ne demande d'autre culte que celui des vertus ; il n'exige de vous que de ne pas corrompre les dons qu'il vous a prodigués ; et semblable à un ami absent et éprouvé, il se contente du sentiment et du souvenir.

Quoi ! l'Éternel aurait créé l'homme libre comme l'oiseau dans les airs, et il aurait voulu que l'ignorance et la foiblesse le prosternassent aux pieds des fanatiques et des tyrans ? Il nous aurait fait naître tous égaux, pour que nous fussions régis, entre le berceau et la tombe, par des lois ridicules, protectrices de toutes les inégalités ? Il vous aurait donné l'intelligence, et ne vous aurait pas permis d'ouvrir les yeux à la lumière de la raison ? La faculté supérieure à toutes les autres, la prévoyance ne serait en nous que la source d'une inquiétude affligeante de l'avenir, et nous ne devrions nos vertus qu'à la terreur et aux alarmes ?

Que des prêtres ayent présenté ces rêveries déguisées aux peuples qu'ils voulaient aveugler et asservir ; qu'ils ayent cherché à les détourner des réalités par des espérances et des chimères ; on le conçoit jusqu'à un certain point. Mais qu'ils se soient emparés des volontés, pour comprendre, dans l'étendue de leur domaine usurpé, les secrets des familles, les confidences de l'amitié, les premiers desirs de l'innocence, les aveux que la beauté sensible ne doit faire qu'à elle-même ou à l'ami de son cœur ; qu'ils ayent joui des privations de leurs semblables ; qu'ils ayent ri de leurs pleurs ; qu'ils se soient fortifiés sans remords de la foiblesse et de l'abrutissement du cœur humain ; qu'ils ayent sacrifié la liberté, le bonheur et la vie des hommes à de vils intérêts personnels, colorés du prétexte de la religion ; et que ce soit avec une morale tendre qu'ils soient parvenus à faire chérir un dieu toujours soupçonneux, toujours contradictoire à lui-même, toujours armé d'une verge d'airain ; l'esprit et le cœur sont confondus de ce comble de perversités. Que d'abus, que de crimes, que de perfidies ont été l'ouvrage du fanatisme ! Le territoire de la France ne contiendrait pas toutes les victimes que le monstre a immolées. . . . . . Mais il a disparu ; il fuit hurlant sur les tombeaux. Ne nous appésantissons sur ses forfaits que pour les effacer. Ce ne sera pas le destin du dix-neuvième siècle, d'être la proie et la dupe de ce vampire, dont la Vendée a été le dernier repaire. Déjà ce n'est plus notre destinée à nous-mêmes, et ce ne fut pas heureusement celle de tous les hommes qui ont vécu. Combien dans tous les siècles, et notamment dans le nôtre , se sont élevés au-dessus des opinions vulgaires !

Citoyens , la fraternité me fait un devoir de vous rapporter la conversation que j'eûs dans ma première jeunesse avec un vieillard , à qui l'âge n'avait ôté ni la sensibilité du cœur, ni la force de l'ame , ni la justesse du raisonnement. Son discours me pénétra tellement , qu'il n'est jamais sorti de ma mémoire. Je me promenais avec ce vieillard sous les portiques d'un temple ; je lui faisais des questions incohérentes sur l'avenir , sur l'Être Suprême , sur les lois , sur le bonheur. Il me laissa long-temps m'égarer dans mes opinions et mes incertitudes , et il parla ainsi :

« L'esprit qui sait douter , est né pour la sagesse.

Des préjugés trompeurs assiégent ta jeunesse ;

Au milieu de la nuit tu cherches des clartés ;

Tu pressens les erreurs : voici les vérités.

Plus l'univers s'attache à la loi naturelle ,

Moins la félicité se refuse aux humains.

Jouissons du présent ; lui seul est dans nos mains ;

L'avenir n'en sera que l'image infidelle.

D'un œil ferme et serein fixons l'éternité.

L'auteur de la nature est l'Être de bonté.

La raison est son culte et sa fille chérie.

Tout dogme qui la blesse , est une idolâtrie ;

C'est le piége où l'erreur prend la crédulité.

La morale n'est qu'une et n'a qu'une patrie ;

Sa voix de l'univers remplit l'immensité.

Sa loi n'est point bornée à l'enceinte des temples ;

Où nos vœux imprudens prétendent l'exiler ;

Dieu s'annonce en tous lieux, et par de grands exemples;

Et c'est au fond du cœur qu'il voulût nous parler.

Il y grava ces mots : « Vois en tout homme un frère.

» Avec lui des saisons partage les présens.

» Sers-toi de ta pensée, instruis-la par tes sens ;

» Je ne t'ai point donné de vertu mensongère.

» Agis ; c'est le moyen d'éviter le malheur ;

» Mais aime, si tu veux connaître le bonheur ».

Ici, reconnais-tu les sentimens d'un père ?

Ah ! répons dignement à ses divins accens.

N'attriste plus ces murs de tes lugubres chants ;

Ne joins plus ton hommage aux pratiques austères ;

Et charge tes vertus du soin de tes prières ; (1)

Deviens un être actif de la société.

Sur les vices des lois exerce tes lumières ;

Venge, respecte et suis l'aimable égalité ;

Dédaigne les palais, honore les chaumières,

Et songe aux droits du pauvre et de l'humanité.

Quand du cristal des eaux je vois sortir une île ;

Elle appartient, me dis-je, à l'homme sans asyle.

Son besoin fait ses droits ; qu'il en soit possesseur :

Mon enclos cultivé suffit à mon bonheur.

---

(1) *Une société de gens de lettres aurait préféré que ce vers fût ainsi :*

Offre à Dieu des vertus et non pas des prières.

Dès

Dès lorsque s'aggrandit la face de la terre,

Sans doute la vertu manque du nécessaire.

Arts utiles, volez, portez en ces climats

Le sol vivifiant, l'éguille et le compas ;

Sur ce sol neuf et pur enfantez des lois sages,

Assurez leur vigueur par de justes partages,

Confiez-vous aux mœurs dans leur simplicité,

Et du fer protecteur armez la liberté.

Citoyens, ici le vieillard resta un moment dans le silence ; il me regarda avec quelqu'intérêt, et il reprit :

Ecoute-moi, jeune homme. A peine à ton aurore,

Ce langage nouveau vient de t'intéresser.

Ton cœur saisit le vrai que ton esprit ignore.

Ah ! que rien de ton cœur ne puisse l'effacer !

Je t'ai dit le secret que garde l'imposture.

Retiens cette leçon : sois homme, ose penser,

Fais ce que la raison s'empresse de tracer,

Et ne crois qu'aux penchans qu'inspire la nature.

Bientôt tu sentiras ton être s'aggrandir ;

Et de tes actions tu pourras t'applaudir.

Comme on voit des ruisseaux argentés dans leur course

Déployer mille bras, et n'avoir qu'une source,

Tes plaisirs couleront variés chaque jour ;

Le travail, l'amitié, l'humanité, l'amour

B

Rempliront en grands traits le plan de ta carrière ;

Le temps plus doucement fermera ta paupière ;

Ton ame embrassera l'espoir consolateur

De tromper de la mort le glaive destructeur ;

De revivre à jamais dans ta famille aimée ,

Et de s'unir heureuse au Dieu qui l'a formée.

Il restera de toi : tes bienfaits , tes travaux ,

Une mémoire chère aux cœur de tes égaux.

Si tu l'as mérité , le récit de ta vie

Sera transmis au monde , et poursuivra l'envie ,

Et jusqu'aux derniers jours que le temps éteindra ,

Sur la postérité ton exemple influera.

Recréer des vertus , sera ta récompense.

Tu dois être , à ce prix, content de l'existence ».

Républicains , vous êtes aujourd'hui dans les circonstances les plus favorables pour adopter cette morale sublime. Votre raison s'est alimentée , depuis cinq années de révolution, des principes éternels. Que dis-je ? Cette morale est déjà la vôtre ; et si j'ai quelques idées à vous présenter encore ; ce n'est que pour accoutumer par dégrés à l'éclat du grand jour les yeux qui s'offensent de recevoir tous les rayons ensemble.

O ! qui que tu sois qui regretterais le culte qui t'avilissait , examine en détail , au flambeau de la raison , ce que tu as perdu et ce que tu as gagné pour ton bonheur. Le peuple entier prononcera.

Tu n'auras plus de ministres reconnus du culte ; mais tu auras des orateurs de morale , qui te convaincront de la reli-

gion naturelle , sans dogmes , établie sur le sentiment inté-
rieur des vertus, dont les seules actions utiles deviendront les
images révérées. Tous les bons citoyens seront dignes d'être
les interprètes des desseins de l'Etre Suprême , comme ils sont
appelés à être les ministres des lois humaines et les magistrats
du peuple.

Tu n'auras plus la frivole consolation du confessionnal ;
mais aussi tu en éviteras le danger. Ce siége magique était
un des deux tribunaux de douceur , où la foiblesse cédait
presque toujours à la séduction des sens ; encore celui-ci de-
venait-il , avec l'âge , plus dangereux pour l'humanité que la
couche de l'Hymenée. Dans les fautes que tu auras commises ,
il te restera, au lieu de ce simulacre de clémence , la réflexion
de ton cœur courageux pour les réparer. Les hommes au reste seront soulagés du poids énorme d'une faute imaginaire , le péché
originel. Il sera mis au nombre des grands mensonges du sa-
cerdoce , et une vertu originelle le remplacera. Cette vertu ,
c'est le patriotisme transmis dans les veines de l'enfant par les
bienfaits de l'amour , sucé avec le lait de la mère , incrusté
dans le cœur par l'éducation et l'exemple.

La communion n'existera plus ; mais qu'était-elle en effet ?...
Républicains, je l'abandonne à tes réflexions..... Il me semble
que quelqu'un me répond : (et je m'y attendais) Jésus fut
un honnête homme , persécuté par les aristocrates Pharisiens,
parce qu'il prêchait l'égalité et la fraternité ; il était pauvre et
modeste ; il n'imagina jamais la célébrité inconcevable qu'il
acquerrait, n'ayant pas dû prévoir que l'imposture et l'absur-
dité auraient l'impudence de se greffer sur la vertu et le malheur. Aimons-le comme homme juste ; plaignons-le comme
victime ; mais reprochons-nous de l'avoir adoré.

Il n'y aura plus de messes chantées dans un idiome inconnu
de presque tous les auditeurs. Il n'existera plus d'eau bénite,
de processions indécentes et tumultueuses, ni aucunes céré-
monies tristes d'ostentation ; mais le citoyen jouira du spec-
tacle riant et expressif des diverses fêtes civiques ; dans ces fêtes
sentimentales, les allégories seront des réalités et non des illusions. Mais l'humanité sera délivrée du son lubugre et effrayant
de l'airain, des pratiques ridicules de dévotion, des génu-
flexions humiliantes, des pénitences minutieuses, bisarres et
souvent perfides. Mais nous ne gémirons plus de l'abus impar-
donnable de la parole dans les disputes scolastiques, de cette
science infernale qui obscurcissait le jour même, qui de l'autel s'était communiquée aux tribunaux, qui prétendait tantôt
donner un corps au vide, tantôt faire des corps des abstrac-
tions ; qui corrompait l'entendement à force de l'agiter, qui
asservissait l'esprit à la fausse équerre de la théologie, pliait
l'homme sous la férule religieuse, et par contre-coup l'abat-
tait sous le marteau oppresseur du despotisme. Quelle science,
ou plutôt quelle fatale ignorance, que celle qui, après quinze
cents ans de ruses et de sophismes, s'est tellement égarée dans
son propre labyrinthe, que ses sectateurs les plus clairvoyans
ou de meilleur foi ont fini, pour en sortir, par avouer que
leur fil n'était tissu que d'inepties et de turpitudes! Ah ! n'est-
ce pas avoir tout gagné que de s'être affranchi des griffes d'un
pareil sphinx, monstre insatiable qui dévorait et ceux qui ne
devinaient pas son énigme, et ceux qui osaient en publier le
mot ?

Qui que tu sois, si tu parcours, en dernière analyse, les
trois grandes époques de la vie, quel avantage ne dois-tu pas
accorder au présent sur le passé ?

Un enfant naissait-il ? on le portait aux pieds d'un prêtre,

indifférent acteur d'une cérémouie puérile , quelquefois dan-
gereuse , et qui déjà autorisait le ministre de l'erreur à compter
un esclave de plus. Aujourd'hui l'enfant est reconnu par un
magistrat fidèle du peuple , et l'enfant est citoyen par la seule
raison qu'il est né.

L'enfant, devenu homme , se mariait-il ! c'était encore un
prêtre sévère qui se trouvait devant lui , qui le contrariait
par de longues formalités , et qui s'arrogeait le droit de le
cathéchiser et de l'unir à l'objet de son choix. Maintenant un
magistrat sensible du peuple loue le citoyen de l'acte de ci-
visme qu'il fait en prenant une compagne , qui va donner
des appuis à la patrie ; la volonté et la signature des époux
les unissent , et le suffrage de toute la république les bénit.

La dernière heure de la vie approchait-elle ? le prêtre s'en
emparait encore ; souvent inconnu, toujours célibataire égoïste,
et froid témoin des souffrances du malade ; il lui parlait du
paradis et de l'enfer, de deux lieux fantastiques qu'il ne com-
prenait pas lui-même ; il lui administrait une apparence insi-
gnifiante , et il se retirait , croyant, s'il était un ignorant ,
avoir fait un bienheureux ; s'il était un imposteur , avoir fait
une dupe ; et toujours avec l'orgueil du triomphe. Heureux !
si, si comme il est arrivé plus d'une fois, il ne profitait pas
des derniers momens de foiblesse et d'existence du moribond ,
pour déshériter sa famille , et lui promettre autant d'arpens
de terre dans le ciel , qu'il en donnerait à son église ici bas.
L'homme avait-il terminé sa carrière ? le prêtre était encore là.

Me demandes-tu de qui tu recevras un jour les consolations
dernières ? D'un citoyen sensible , d'un ami tendre , de tes
enfans chéris , de ta compagne reconnaissante du bonheur de

son union , de tout ce qui t'entoure et qui t'aime. Ils te diront : « Tu as suivi la déclaration des droits de l'homme et du citoyen, qui renferme tous les commandemens de la nature et de la raison; tu as employé ton enfance à t'instruire , à cultiver la terre ; ta jeunesse à défendre ta patrie ; ton âge mûr à élever ta famille , à lui donner de bons exemples ; ta vie entière à être utile. Voilà les bonnes actions que tu as faites. Elles suffisent pour que tu t'endormes paisiblement dans le dernier des sommeils, si tu as quelques erreurs à te reprocher; ce n'est plus le moment de les regretter ; c'est celui de te les pardonner. Il te reste encore une ressource et un plaisir , la faculté de faire quelque bien à plus pauvre que toi. Va , l'Eternel n'a pas voulu nous rendre plus malheureux que tous les autres êtres, dont la métamorphose s'opère à chaque instant. Il a distingué l'homme par l'intelligence ; qu'une marque de ta reconnaissance soit envers lui le dernier usage de ta pensée. Bientôt nous nous réunirons , comme toi , aux élémens. Jusque là , privés de toi , notre motif de patience sera de penser à toi, de nous entretenir de toi, de te ressembler, et de révérer tes précieuses cendres». On parle d'enfer !... Ah ! tous les tourmens en effet existeraient pour l'homme à qui personne, à son dernier soupir , ne manifesterait quelque sensibilité , et n'offrirait ni soins ni consolations. Mais certes , cet homme , abandonné de toute la nature , aurait été un mauvais citoyen , un père dur, un époux vicieux, un homme cruel, et il aurait mérité son supplice.

Contemporains et amis , il résulte de ces principes que l'homme ne peut remplir sa vraie destinée, qu'en suivant toute sa vie les lois de la nature et de la raison ; qu'il ne doit croire que ce que sa raison lui explique; que lorsqu'elle est muette, il ne doit point se faire un malheur du doute salutaire, qui

est à l'esprit ce que l'équilibre est au corps , l'effet de l'exer-
cice et de la force. Il résulte encore de ces principes , que c'est
à tort qu'on a répandu qu'un grand peuple ne pouvait se passer
d'un grand appareil de culte et d'un grand cérémonial de trône,
ou ce qui revient au même d'un grand prestige d'erreurs et de
grands moyens de corruption. Il ne faut à un grand peuple
libre que de grandes vertus et d'éternelles vérités. Il résulte
enfin de ces principes , que la vie n'est un bienfait qu'autant
que la liberté et l'égalité l'accompagnent ; que le citoyen ,
pour être heureux , n'a besoin que d'un travail et d'un délas-
sement alternatifs ; que le bonheur n'est point une chimère , ,
et qu'il est fils de la vertu et du plaisir.

Jeunes républicaines , c'est à vous , qui , à des citoyens dignes
de votre cœur, venez de vous unir par les nœuds de l'Hymen
et de l'amour , par ce doux sentiment, principe de toute fra -
ternité , et sans lequel la nature entière n'aurait ni ame ni
graces, ni beauté ; c'est à vous sur-tout qu'il appartient de
goûter , de pratiquer et de répandre la morale , amie de l'humanité. Au moment de devenir mères , vous êtes dignes de
considérer que les générations se succèdent , et que les enfans
doivent être l'objet le plus constant de la sollicitude de la patrie.
La reconnaissance nous fait un devoir à tous de nous acquitter
envers les générations passées des lumières qu'elles nous ont
transmises , et de profiter des circonstances et de nos moyens
pour protéger le dernier pas hardi que fait la raison , et pour
la présenter dans toute sa pureté à la génération qui va naître.

Et toi , fille de l'Éternel ! Toi ! dont le flambeau , toujours
clair et tranquille, a traversé sans altération les siècles écoulés
jusqu'à nous ; toi ! qui éclaires les vertus et diriges les passions ;
toi ! qui soutiens l'infortune et donnes des conseils à la pros-

périté, sois à jamais d'intelligence avec les travaux et les plaisirs pour le bonheur du monde; fonde, en tous lieux, l'empire de la liberté, de l'égalité et de l'union, et que l'inscription du globe terrestre soit enfin *la raison*.

A BOURGES, de l'Imprimerie d'AUGUSTIN MANCERON, Imprimeur du Département du Cher.

www.ingramcontent.com/pod-product-compliance
Lightning Source LLC
Chambersburg PA
CBHW061607050726
47595CB00007B/2823